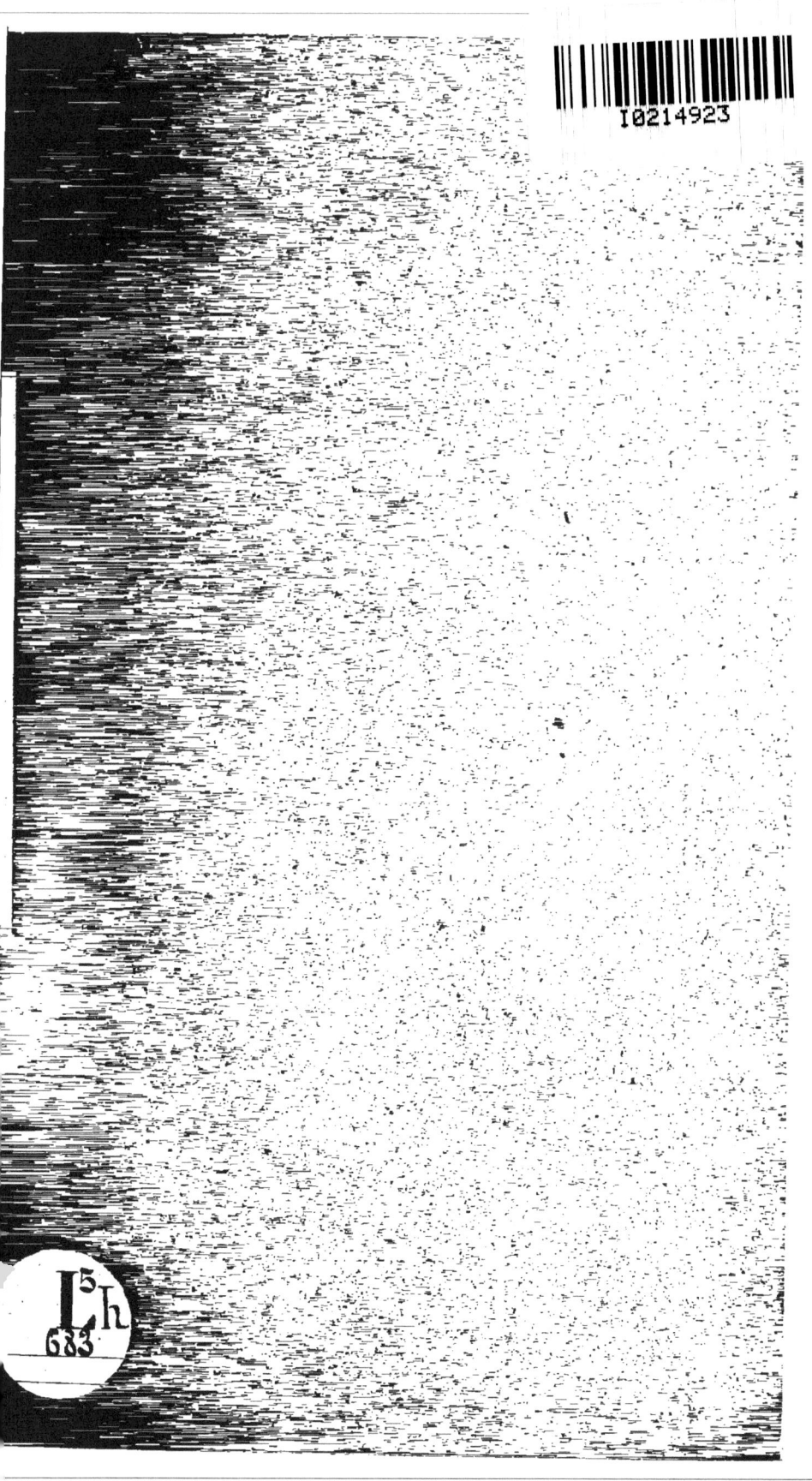

DÉFENSE
DE PARMAIN

AU PASSAGE DE L'OISE

CONTRE LES PRUSSIENS

SOUVENIR

DE RECONNAISSANCE

AUX BRAVES PATRIOTES

Qui ont bien voulu, pendant la campagne, m'accorder l'hospitalité, me témoigner leur sympathie et m'assurer de leur amitié.

E. CAPRON.

DÉFENSE
DE PARMAIN
AU
PASSAGE DE L'OISE
CONTRE LES PRUSSIENS
du 23 au 30 septembre 1870

ET

TRIBULATIONS D'UN FRANC TIREUR

Par E. CAPRON

PHARMACIEN DE 1re CLASSE A L'ILE-ADAM,

EX-CAPITAINE DES FRANCS-TIREURS

PARIS
CHEZ L'AUTEUR,
A L'ILE-ADAM (SEINE-ET-OISE)
CHEZ DENTU LIBRAIRE-ÉDITEUR,
PALAIS-ROYAL,
ET CHEZ TOUS LES LIBRAIRES DE FRANCE ET DE L'ÉTRANGER.

1871

INTRODUCTION

Sollicité par les hommes qui ont combattu sous mes ordres et par mes amis de relater les faits d'armes qui ont eu lieu pendant le temps qu'a duré la défense du passage de l'Oise à Parmain et dans ses environs, je crois devoir accéder à leur désir, réclamant par avance l'indulgence de mes lecteurs. Mon intention est de faire voir les résultats qu'aurait pu produire, pour la défense de notre territoire, la réunion, dans chaque localité, de quelques citoyens dévoués et déterminés.

Malheureusement, l'exemple donné par les volontaires de Parmain n'a pas été suivi. C'était cependant le but que je me proposais en engageant mes concitoyens à tenir tête à l'envahissement de nos contrées par les Prussiens ; et si quelques hommes de cœur ont pu, pendant huit jours, résister à une division ennemie, qu'auraient donc pu obtenir les habitants de toute une contrée soulevés par la défense nationale ?

Dès le mois d'août il avait été adressé des lettres aux maires des vingt-deux communes composant le canton de l'Ile-Adam, les engageant de faire connaître à leurs concitoyens, qu'en prévision de l'envahissement de nos contrées, il venait de se former à Parmain, l'Ile-Adam, une commission chargée de recevoir l'engagement des volontaires de tout âge, qui voudraient faire partie d'une compagnie de francs-tireurs ayant pour but la défense du canton, et particulièrement le passage de l'Oise à Parmain. Notre appel n'ayant pas été entendu, nous avions dû renoncer à ce projet.

Désirant cependant être utile à la défense de mon pays, je sollicitai, le 12 août, mon admission dans les ambulances de l'armée active du Rhin.

M. le Ministre de la guerre, général de Palikao, me répondit, à la date du 28 août, que le personnel des pharmaciens militaires avait suffi jusqu'à ce jour aux nécessités du service, mais qu'on prenait bonne note de mon offre patriotique, à laquelle on recourrait le cas échéant, et qu'on me remerciait.

La capitulation de Sedan et nos désastres successifs ne permirent pas d'accepter mes services en qualité de pharmacien.

DÉFENSE DE PARMAIN

AU PASSAGE DE L'OISE

CONTRE LES PRUSSIENS

Arrivée des Prussiens à l'Ile-Adam.

Le 16 septembre, une reconnaissance composée de quatre uhlans arriva à l'Ile-Adam et après avoir traversé au galop la grande rue dans toute sa longueur, elle vint reconnaître le passage de l'Oise, qui sépare l'Ile-Adam du hameau de Parmain, dépendant de la commune de Jouy-le-Comte. Le pont en pierre, qui donne accès d'une localité à l'autre, avait été détruit en partie par ordre de l'autorité supérieure.

Les uhlans, guidés par une femme habitant l'Ile-Adam (une Allemande), s'emparèrent d'une barque, à l'aide de laquelle ils vinrent à Parmain, au bureau de la station du chemin de fer, détruire les fils et les appareils télégraphiques, puis ils repassèrent l'Oise pour rejoindre leur corps d'armée qui s'avançait par Beaumont sur l'Ile-Adam.

Le lendemain, 17 septembre, un escadron de cavalerie entra à l'Ile-Adam, logeant chez les habitants, faisant des réquisitions et pillant plusieurs maisons. Le 18, un corps d'armée composé de fantassins, cavaliers, artilleurs et pontonniers, traversa l'Ile-Adam, se dirigeant par Mériel, Méry, Saint-Ouen-l'Aumône, et à l'aide d'un pont de bateaux, passa l'Oise à Pontoise. Ils logèrent chez les habitants, mirent la ville à contribution, y laissèrent une garnison, et réquisitionnèrent dans les communes environnantes. Quant aux Prussiens restés à l'Ile-Adam, leurs exigences devinrent telles que les autorités municipales furent obligées de s'adresser à celles de Jouy-le-Comte pour subvenir à leurs demandes ; les fermiers de Parmain fournirent de l'avoine, de la paille et du fourrage ; n'ayant pas à subir chez eux la présence des Prussiens, ils se conformaient en partie à leurs exigences. Cependant, isolés de l'Ile-Adam par la rupture du pont, ils commençaient à se plaindre, disant avec raison que, puisqu'on avait interrompu la communication d'une rive à l'autre, on ne devait pas faciliter aux Prussiens le passage de l'Oise.

Le 22, après le départ de l'Ile-Adam des troupes régulières, survint un convoi de chariots, escorté par des soldats de toutes armes (ramassis de bandits et de forçats) ; après avoir laissé leurs chariots dans l'avenue dite Derrière-les-Écuries, un certain nombre de Prussiens vinrent à Parmain ; ils enfoncèrent la porte et pillèrent le magasin d'un épicier, marchand de tabacs et liqueurs ; puis, se promenant dans le village au nombre de douze ou quinze, ils allèrent à la Mairie demander de l'avoine et du fourrage. Aussitôt que je m'aperçus de l'arrivée de ces pillards, je me dirigeai vers un bois situé au-dessus de Parmain, et là, je fis appel à mes concitoyens, les engageant à repousser cette bande de voleurs. Un seul habitant étant venu se joindre à moi, je dus me résigner et rentrer chez moi. Je rencontrai alors dans la rue trois de ces brigands ; aussitôt je demandai aux habitants qui se trouvaient présents de me prêter leur concours pour m'emparer de ces Prussiens et les désarmer ; personne n'ayant osé le faire, je dus continuer ma route. Il eût été cependant très-facile de faire prisonniers tous ces lâches, sans même avoir besoin d'autres armes que celles qu'on leur aurait prises. Le soir, quelques habitants de Parmain se réunirent et résolurent de s'opposer à l'avenir à l'envahissement et au pillage de leur localité.

Le 23, dès le matin, quelques pompiers de la commune de Nesles, ayant appris que les habitants de Parmain devaient se défendre et qu'ils se réunissaient pour prendre des mesures, vinrent au lieu assigné pour la réunion, dans une carrière près de Parmain. Après avoir fait connaître le but de la réunion, on soumit à l'approbation de chacun le plan à suivre ; il fut accepté à l'unanimité. Trente-huit hommes étaient présents, on nomma séance tenante un chef, auquel on donna le titre de Commandant, s'engageant à lui obéir en combattant sous ses ordres, et à n'abandonner son poste qu'autant que la résistance serait reconnue inutile pour le bien du pays. Le choix des combattants s'étant porté à l'unamité sur moi, je ne crus pas devoir décliner cet honneur et jurai de remplir fidèlement mon devoir. Aussitôt je m'occupai d'organiser les moyens de défense.

Ayant été prévenu qu'un convoi prussien venant de Méry se dirigeait sur l'Ile-Adam et Parmain pour y faire de nouvelles réquisitions, je me décidai à aller l'attaquer à son passage à Stors. Les combattants, au nombre de vingt-cinq hommes, se dirigèrent vers l'endroit indiqué, après avoir laissé un poste d'éclaireurs sur la route, et un autre à Parmain pour surveiller le passage de l'Oise. Arrivé au lieu indiqué pour l'embuscade, chacun choisit son poste de combat. Il était alors environ onze heures ; la plupart des combattants n'ayant encore rien pris, on se mit à déjeuner avec des provisions envoyées de Parmain et du vin fourni par le régisseur du château de Stors, en face duquel on se trouvait. On avait remis à la sentinelle la plus éloignée une corne de chasse, en lui recommandant bien, aussitôt qu'elle apercevrait l'ennemi, d'en tirer un son, pour avertir les hommes composant l'embuscade. Mais le convoi ennemi arrivant au trot, la sentinelle l'aperçut trop tard, et fit partir son fusil en voulant se servir de la corne. Heureusement qu'il avait été recommandé aux hommes de l'embuscade de conserver leurs fusils près d'eux tout en mangeant. Aussi furent-ils à l'instant à leur poste d'attaque. Le convoi s'étant engagé entre le mur du château de Stors et la rivière ne pouvait retourner. Alors commença une décharge générale qui mit plusieurs hommes hors de combat, et tua plusieurs chevaux. Dans cette attaque, je blessai mortellement le chef qmi escortait le convoi et traversai d'une balle le col de son cheval.

Le mur longeant le parc de Stors mesure environ 200 mètres ; pendant le trajet du convoi le long de ce mur, il fut tiré environ soixante coups de fusil. Une fois mis en déroute par cette attaque, le convoi, qui se composait de 30 chariots, se dirigea par les hauteurs, vers la forêt de l'Ile-Adam. Alors, avertis par les détonations et apprenant la déroute des Prussiens, les habitants de l'Ile-Adam et de Nogent, accompagnés par quelques femmes, se dirigèrent vers la forêt et s'emparèrent des chariots et des chevaux, qui étaient abandonnés par leurs conducteurs, tués, blessés, ou mis en fuite à travers bois. Pendant ce temps-là, les hommes de l'embuscade essuyaient le feu des fantassins qui escortaient les chariots ; la fusillade dura près d'une heure. Mais les Prussiens ayant perdu plusieurs hommes, et voyant qu'ils ne pouvaient forcer ce passage, se décidèrent à se replier.

Laissant alors une partie de mes hommes à Stors, je me rendis avec les autres à Parmain ; je craignais en effet que les Prussiens ne vinssent tenter en cet endroit le passage de la rivière. C'est alors qu'on m'amena les chariots et les chevaux trouvés abandonnés dans la forêt. Je m'empressai de les faire mettre en lieu sûr, dans une carrière, et je pris toutes les mesures nécessaires pour empêcher qu'on ne vînt les enlever. Comme je pensais que Beauvais possédait une garnison, et que les habitants de cette ville avaient l'intention de se défendre, j'y fis conduire chevaux et chariots, qui furent immédiatement dirigés sur Rouen par les soins du préfet de l'Oise.

Il est à remarquer ici qu'en envoyant ces prises à Beauvais, j'avais réclamé des secours et des munitions ;

on me répondit qu'on organisait la garde nationale et qu'on ne pouvait m'envoyer de munitions. Or deux jours après, on fit jeter à l'eau deux tombereaux de cartouches !

On m'avait fait savoir que des gardes nationaux de Méru, ainsi que des volontaires de la vallée de l'Oise, devaient venir se joindre aux défenseurs de Parmain. Mais on les attendit vainement. Cela tint, je crois, à un malheureux coup de main exécuté sans ordre et sans aucune prudence, dans les environs de Chambly et de Crouy.

La déroute des Prussiens ne tarda pas à être connue dans les environs. Le lendemain, 24, quelques volontaires ainsi que des gardes nationaux et pompiers de Pontoise, des communes d'Arronville, Amblainville, Labbeville, Valangoujard, Jouy-le-Temple et autres localités, vinrent se joindre aux défenseurs de Parmain. Je crois devoir signaler spécialement la présence, sous mes ordres, le 29, d'un jeune curé, brave patriote, qui, gardant l'incognito, a fait avec nous, toute une journée, le coup de feu au premier rang. Honneur à lui ! ainsi qu'à un ancien soldat de la commune qui l'accompagnait.

Comme je voulais être renseigné sur les positions des Prussiens, ainsi que sur le nombre de soldats auxquels nous pouvions avoir affaire, j'envoyai une reconnaissance, sous les ordres du sieur Coulon, ancien militaire, à un endroit nommé la Cave, dépendant de la commune de Presles, et une autre du côté de Villers-Adam, sous les ordres de l'adjudant des pompiers de

Pontoise, le sieur Warin, chevalier de la Légion d'honneur. Quelques autres éclaireurs furent envoyés, par escouades de six à huit hommes, du côté de Mafliers et de Baillet. Cinq d'entre eux ayant aperçu, du côté de l'Abbaye-du-Val, un escadron de cavalerie prussienne, se cachèrent dans le parc du château et firent feu par-dessus le mur à bout portant ; six à huit cavaliers furent tués ou blessés et le reste mis en fuite.

Quant aux francs-tireurs envoyés, au nombre de 30, en reconnaissance du côté de Presles, sous les ordres du sieur Coulon, ils furent aperçus par les Prussiens, avant d'avoir pu gagner leur poste de combat, et obligés de battre en retraite sous le feu de l'ennemi. Nos éclaireurs avaient pourtant fait savoir que ce jour-là 20 à 25 Prussiens devaient manger un mouton qu'ils avaient volé, et l'on devait, pendant qu'ils seraient attablés et leurs fusils en faisceaux ou loin d'eux, les enlever par surprise. Ce qui fit manquer ce coup de main fut la précipitation que mit à faire feu un individu de Nogent, qui ne faisait pas partie du détachement, et qui s'y était joint sans prendre les ordres de celui qui commandait ; aussi, obligé de se réfugier dans un bois, il reçut une balle à la tête qui le tua raide. Le détachement rentra le soir à Parmain, sans tués ni blessés, mais ayant manqué son but.

Je dois dire ici que n'étant pas préparé pour la défense, on avait peu de munitions. Heureusement que les pompiers de Pontoise et de Nesles purent en fournir une certaine quantité.

Dans la nuit et le jour suivant, on se mit à l'œuvre

pour établir à Parmain, près le passage de l'Oise, une formidable barricade.

Pendant les jours qui suivirent la prise des chariots, tout se borna à quelques coups de fusil, échangés tant sur les bords de l'Oise que dans la forêt de l'Ile-Adam. Les Prussiens, surpris dans divers endroits à la fois, ne savaient plus à quoi s'en tenir, et évitaient de revenir où ils avaient été attaqués.

Dans la nuit du 26 au 27, quelques francs-tireurs Mocquart, échappés de Sedan, ayant appris qu'on se battait à Parmain, vinrent se joindre aux combattants.

Le mardi 27, les Prussiens arrivèrent à l'Ile-Adam par plusieurs côtés à la fois, tant cavaliers que fantassins et artilleurs, accompagnés de deux canons et deux obusiers. Les fantassins, s'étant développés en tirailleurs, commencèrent le feu contre les défenseurs de Parmain. On leur riposta vigoureusement. Des mesures avaient été prises pour soutenir cette attaque, et j'avais divisé mes combattants sur toute la ligne de défense. La fusillade se continua de part et d'autre depuis dix heures du matin jusqu'à quatre heures du soir. L'après-midi, des boulets et des obus furent dirigés sur Parmain, sans occasionner d'autres malheurs que quelques dégâts matériels.

Prévenu à ce moment que les munitions allaient manquer, je me rendis en toute hâte à Chambly, à douze kilomètres de Parmain, pour obtenir des cartouches, qui me furent délivrées par les soins du maire et du commandant des pompiers de cette localité.

Le feu ayant cessé à quatre heures du soir, les Prussiens se retirèrent, après avoir enlevé leurs blessés et leurs morts, entre autres un officier que j'avais blessé mortellement, dans la grande rue de l'Ile-Adam (1).

Le lendemain, 22, la journée se passa assez tranquillement à Parmain, qui ne vit pas d'ennemis. Étant avec le sieur E. B..., j'aperçus deux uhlans, qui se rendaient en éclaireurs du côté de Stors ; bien qu'ils fussent cachés derrière des peupliers sur le bord de l'Oise, je leur envoyai quatre coups de fusil, qui les blessèrent tous deux ; les chevaux rebroussèrent chemin et allèrent rejoindre un détachement de vingt à trente cavaliers restés derrière, dans les bois du Vivray. Quelques instants après, ce détachement vint à son tour faire une reconnaissance, non pas cette fois sur les bords de l'Oise, mais sur les hauteurs, à plus de douze cents mètres de la rivière. Voulant alors mon-

---

(1) Les Prussiens, furieux des pertes qu'ils avaient éprouvées et surtout de n'avoir pu se rendre maîtres de Parmain, en se retirant, mirent le feu à l'Ile-Adam, à l'ancienne mairie et à deux autres maisons, menaçant de revenir plus tard continuer leur œuvre de destruction.

Heureusement pour l'Ile-Adam, que deux braves patriotes, hommes de cœur et d'énergie, MM. Viger et Abbadie, n'avaient pas abandonné leur poste.

Informés des menaces des Prussiens, ces braves citoyens se transportèrent à Eaubonne, auprès du général prussien, et après lui avoir fait connaître que depuis le 16 septembre, les Prussiens occupaient l'Ile-Adam, que l'on avait obtempéré à toutes leurs réquisitions et qu'aucun des habitants n'avait pris part à la défense de Parmain, ils furent assez heureux pour obtenir que l'Ile-Adam serait épargné. Quant à Parmain, leur dit le général, il sera châtié de sa témérité, et comment se fait-il qu'il ne le soit pas déjà ? comment se fait-il que nos soldats ne l'aient pas emporté du premier coup ?

trer à mes combattants le peu de bravoure de ces cavaliers, je me mis, avec le sieur E. B..., entièrement à découvert, et nous tirâmes chacun deux coups de fusil; étant armés de fusils de chasse, nous savions bien que les balles n'atteindraient pas à cette distance. Cela suffit pourtant pour mettre le détachement en fuite. Ce jour-là on ne revit plus de Prussiens. Mais, pendant ce temps, l'ennemi faisait venir du renfort, et s'organisait du côté de Presles, Mafliers et Beaumont.

Le lendemain, 29, en effet, les Prussiens arrivèrent dès le matin à l'Ile-Adam, par plusieurs côtés à la fois; ils s'établirent dans plusieurs maisons, faisant face à la barricade de Parmain, dans le clocher, dans le parc de la propriété Dambry ; puis, ils se déployèrent en tirailleurs dans les sauts-de-loup et ouvrirent le feu de tous côtés à la fois contre les défenseurs de Parmain.

Si les Prussiens avaient organisé leur attaque, de leur côté les francs-tireurs de Parmain n'étaient pas restés oisifs. Comme je m'attendais, en effet, à être attaqué par des forces supérieures, j'avais eu soin, avec le peu de combattants dont je disposais (200 hommes environ), d'établir des postes sur les hauteurs dominant Parmain, derrière chaque arbre, profitant de tous les plis de terrain, des carrières, des amas de pierres, derrière la barricade, dans le parc du château Ducamp, derrière les balustrades, en un mot derrière tout abri pouvant protéger un franc-tireur.

Les Prussiens commencèrent l'attaque à 8 heures du matin ; peu de temps après, l'artillerie se fit entendre, et le combat devint général sur toute la ligne. Les Prussiens étaient au nombre de 3,000 environ. — Malgré cela, voyant qu'ils ne pouvaient opérer le passage de l'Oise à Parmain, et qu'ils perdaient beaucoup d'hommes, ils envoyèrent une compagnie de pontonniers, protégée par une mitrailleuse et de l'infanterie, établir un pont de bateaux à 12 kilomètres de là (à Mours). Alors, pendant que les défenseurs de Parmain tenaient tête à l'infanterie et à l'artillerie, ils traversèrent l'Oise au nombre de 1,500 environ et vinrent sur la rive droite de la rivière, pour cerner les défenseurs de la barricade. Il était alors cinq heures du soir, et le combat durait depuis huit heures du matin ; du côté des francs-tireurs, il n'y eut qu'un homme tué et quelques hommes blessés légèrement.

Cependant, ayant été averti par le commandant de la garde nationale de Champagne que l'ennemi avait franchi l'Oise et que nous étions sur le point d'être cernés, je me retirai avec les défenseurs de la barricade et ceux qui étaient disséminés sur les bords de l'Oise ; puis, laissant quelques tirailleurs pour dissimuler la retraite, je conduisis mes combattants sur les hauteurs dominant Parmain. M'étant alors rendu compte par moi-même de la position, je fis relever les différents postes et donnai l'ordre de venir me rejoindre. J'avais aussi avec moi quelques gardes nationaux de la commune d'Arronville. Mais jugeant la distance trop éloignée pour attaquer les Prussiens, je fis sonner la charge, et j'entraînai mes francs-tireurs au-devant de l'ennemi. Alors, nous abritant dans un petit bois, nous ouvrîmes le feu contre les éclaireurs prussiens répandus dans les bois qui nous faisaient face. Ceux qui étaient sur les bords de l'Oise, entendant sonner la charge, se mirent à courir pour s'abriter derrière d'énormes pierres déposées sur la berge, entre l'Ile de Champagne et Parmain.

Ne pouvant les déloger de là, les francs-tireurs restés en arrière pour les attaquer vinrent me rejoindre.

Les Prussiens qui avaient passé l'Oise à Beaumont, entendant la fusillade, vinrent en toute hâte rejoindre leurs éclaireurs, aux prises avec les francs-tireurs. La fusillade se continua de part et d'autre, mais la nuit étant survenue, et craignant que les francs-tireurs ne tirassent les uns sur les autres, je donnai l'ordre de battre en retraite tout en continuant le feu. Il était alors sept heures, et il y avait onze heures que l'on se battait sans interruption.

J'assignai alors aux francs-tireurs qui restaient avec moi un rendez-vous pour le lendemain matin à six heures, à un endroit dit la Croix-des-Friches, au milieu d'une plaine, près des carrières de Nesles.

Arrivé à Nesles à huit heures du soir, je m'empressai d'envoyer deux estafettes dans les communes voisines et jusqu'à Méru, situé à seize kilomètres de là, pour engager tous les hommes capables de porter une arme de venir me rejoindre.

Si l'on avait répondu à mon appel, il est bien probable que Parmain n'eût pas été incendié. Quand même je n'aurais eu que cent hommes à ma disposition, je pouvais, avec ce faible nombre, me retirer dans les bois environnant Parmain, et de là harceler l'ennemi et **ne pas lui laisser le loisir d'incendier Parmain.** La nuit précédente, les Prussiens avaient bivouaqué dans les environs de Parmain, sans oser y entrer.

Le lendemain matin, 30, je me trouvai seul au rendez-vous assigné, accompagné seulement d'un jeune brave, âgé de 19 ans, le sieur *Alexandre Camus,* de Champagne, lequel, porteur de mes munitions, ne m'avait point abandonné.

Ayant vainement attendu jusqu'à six heures, je me décidai à envoyer le jeune Camus en reconnaissance. Celui-ci, apercevant au loin dans la plaine des cavaliers galopant dans la direction où j'étais en faisant le cercle, revint près de moi me prévenir de ce qui se passait. M'étant rendu compte par moi-même et ne doutant pas que le rendez-vous n'eût été indiqué à l'ennemi, et me voyant près d'être cerné, je me dirigeai vers des marais boisés situés près de là. A peine à l'abri, je vis douze cavaliers, par quatre de front, descendant la grande route conduisant de Parmain à Nesles. Ne voulant pas laisser surprendre les combattants que j'attendais, ni les habitants de Nesles, dont les pompiers s'étaient battus sous mes ordres les jours précédents, je ne balançai point, et je fis feu sur les cavaliers à environ 300 mètres. Ayant atteint le cheval et blessé un des cavaliers, les autres tournèrent bride et s'enfuirent au galop ; ans leur fuite, je leur envoyai encore quatre coups de fusil.

Un enfant de douze ans, qui me suivait, ayant été envoyé par moi voir le résultat de mon attaque, se mit en devoir d'enlever la carabine du cavalier blessé et pris sous son cheval mort. Pendant que le gamin essayait d'enlever la carabine du blessé (lequel au dire de l'enfant rendait le sang à pleine bouche), un cavalier, resté en vedette à environ 500 mètres de là, faisait feu sur l'enfant, lequel, croyant entendre siffler la balle à son oreille, se sauva dans une carrière près de là, et vint ensuite me rejoindre, et me rendit compte de ce qui était arrivé.

Environ une demi-heure après, une voiture d'ambulance, portant le drapeau de la convention internationale de Genève, venait enlever l'homme et le *cheval*, morts tous les deux, et le conducteur de la voiture, et les hommes qui l'accompagnaient, prenaient le soin de balayer le sang répandu sur la route.

Espérant toujours recevoir des renforts et voulant faire connaître la place que j'occupais, je quittai l'endroit boisé et je me mis à découvert au milieu d'une prairie. Quelques instants après, une reconnaissance, composée cette fois de 24 cavaliers commandés par un officier, faisait son apparition au haut de la côte. Craignant, si je prenais la fuite, d'être aperçu, et poursuivi, je me mis à genoux, faisant coucher près de moi le jeune Camus. Voyant les cavaliers se diriger vers Nesles et passant à environ 200 mètres de l'endroit où j'étais, j'ajustai l'officier à travers deux arbres et lui envoyai une balle dans le côté et une autre dans la cuisse de son cheval (armé de mon fusil Lefaucheux, je tirai, dans ces deux attaques, douze coups de fusil). Les cavaliers, surpris par cette attaque et se croyant en face d'un nombre considérable de francs-tireurs, l'escouade tourna bride et se sauva au galop, deux cavaliers soutenant entre eux leur officier blessé mortellement, car j'ai su depuis qu'il avait expiré au haut de la côte. Le lendemain, on ramassait sur la route des morceaux de lances brisées ; dans ces deux attaques, plusieurs cavaliers ont dû être plus ou moins blessés.

Prévenu par des paysans qu'un corps considérable d'infanterie, soutenu de deux pièces de canon et deux obusiers, se dirigeait vers moi, et jugeant une plus longue résistance non-seulement inutile, mais sans profit aucun, je me décidai à abandonner la place. Quelques coups de canon furent tirés, et des feux de peloton dirigés sur l'endroit que j'occupais précédemment, lors de la première attaque ; la crainte des francs-tireurs dans les environs empêcha seule l'incendie du village de Nesles, sur lequel il fut envoyé quelques boulets qui n'occasionnèrent que des dégâts matériels.

Les Prussiens, voyant que l'on ne répondait pas à leur feu, se hasardèrent à battre les taillis ; quant aux troupes qui avaient opéré le passage de l'Oise à Beaumont et à Boran, après avoir fait un long circuit, elles venaient rejoindre celles qui opéraient sur Nesles et sur Parmain. C'est dans ce moment que leurs camarades incendiaient Parmain.

Me trouvant sur un coteau de l'autre côté de Nesles et faisant face à la batterie établie au-dessus des Carrières, je voyais tomber, à quelques mètres de moi, plusieurs boulets. Voici ce qui y donnait lieu. Ayant tiré douze cartouches à l'attaque de la côte de Nesles et n'ayant plus à ma disposition que huit cartouches pleines, je m'étais assis derrière un buisson, et pendant qu'aidé de mon porte-carnier je faisais des cartouches, une douzaine de paysans étaient venus se grouper près de moi. Aperçus par les artilleurs prussiens, ils les prirent pour point de mire et me forcèrent à quitter mon abri.

Les troupes qui ont opéré le passage de l'Oise à Mours, Beaumont et Boran, s'élevaient au moins à dix ou douze mille hommes. Ces troupes avaient été distraites de celles formant le blocus de Paris. Pendant les huit jours que dura la défense de Parmain, les pertes éprouvées par l'ennemi, au dire des officiers prussiens eux-mêmes, se sont élevées à douze cents hommes, tant tués que blessés. Cette évaluation n'a rien d'exagéré, quand on saura que l'on se battait à trois ou cinq cents mètres, et que dans la journée du 29 seulement, il a été tiré plus de 1,500 cartouches. Pour ma part, pendant toute la durée de la défense, j'ai usé trois cent soixante-quatre cartouches, et tué ou blessé mortellement quatre officiers isolément. Du côté des francs-tireurs, un homme de tué et trois ou quatre blessés. J'ai observé que le tir des Prussiens portait ou trop haut ou que leurs balles n'arrivaient pas jusqu'à nous, et que leur tir n'était à craindre que lorsqu'ils tiraient sur la masse et à grande portée. Une fois, étant exposé seul en dehors de la barricade, à un de leurs feux de peloton, je n'eus que deux plumes de coupées à mon chapeau, et deux balles dans la jupe de mon paletot.

Envahissement, Incendie de Parmain et conduite des Prussiens après la retraite des francs-tireurs.

Le vendredi matin 30 septembre, après avoir appris et s'être assurés que les francs-tireurs et la plupart des habitants avaient abandonné Parmain, les Prussiens y faisaient leur entrée, ne rencontrant que quelques femmes et quelques vieillards, ayant en vain réclamé les autorités absentes, ils se mirent en devoir d'incendier les habitations, au moyen de gerbes de blé prises à même une meule laissée près des habitations, malgré les ordres formels de l'autorité supérieure, qui avait fait afficher que l'on eût à faire disparaître les meules de blé existant non-seulement près des maisons, mais encore celles au milieu des champs.

Les Prussiens entassaient dans les rez-de-chaussée des maisons abandonnées les meubles, et y mêlant des gerbes de blé, y mettaient le feu. Dans d'autres, ils mettaient le feu au premier étage. Dans les maisons où il restait des habitants, ils les forçaient de sortir, et en leur présence, ils incendiaient leur maison. Trente-deux maisons furent ainsi détruites isolément. Pour assouvir leur rage, ils arrêtèrent une dizaine d'habitants, pour la plupart des vieillards, les attachèrent deux à deux, et les forçant d'aller nu-pieds, les conduisirent ainsi jusqu'à Pontoise. Cette tactique de leur part se comprend, ils cherchaient à épouvanter les peureux, ce à quoi malheureusement ils réussissaient.

Assassinat de francs-tireurs.

Ayant rencontré les armes à la main M. Desmortier, ancien juge d'instruction au Tribunal de la Seine, vieillard âgé de 71 ans, lequel, pendant toute la durée de la lutte, s'était vaillamment battu, et le sieur Maître, de Jouy-le-Comte, ils les garottèrent, les emmenèrent avec eux en les maltraitant, et après leur avoir fait passer la nuit en prison et leur avoir fait subir un simulacre de jugement, ils les assassinèrent dans un champ de betteraves où ils les enfouirent à peine. Ayant rencontré dans les rues de Parmain deux jeunes gens qui revenaient des environs et qui, à leur approche, cherchaient à s'esquiver, ils les poursuivirent, et ayant su qu'ils étaient dans un jardin, ils les y rejoignirent et les fusillèrent sur place.

Pendant que les Prussiens, qui n'avaient pu réduire Parmain avec leurs bombes et leurs boulets, y mettaient le feu à la main, je quittai les hauteurs de Nesles, d'où j'apercevais la fumée de l'incendie de Parmain, et je me dirigeai à travers les éclaireurs ennemis éparpillés de tous côtés dans la plaine. Je fus assez heureux pour arriver au château de Balaincourt, mis à ma disposition et à celle de ma femme par le brave et vénérable général de Beurnonville. En y arrivant, je trouvai un jeune paysan sur lequel les Prussiens avaient tiré, et qui avait été atteint d'une balle dans le dos (preuve qu'il ne les attaquait pas). Ayant vainement essayé de faire l'extraction de la balle, je lui conseillai d'aller à Méru, où le docteur ne fut pas plus heureux que moi. Depuis, j'ai su que la balle avait pu être extraite huit jours après, et que le jeune homme était guéri. Ayant passé la nuit à Balaincourt, je fus prévenu le matin que la veille ma tête avait été mise à prix et que les Prussiens, informés de mon nom et de la part que j'avais prise à la défense de Parmain, me recherchaient. Craignant que ma retraite ne leur fût désignée, et ne voulant pas, si je continuais à attaquer des ennemis isolés dans ces parages, attirer au général des représailles et l'exposer à voir incendier ses châteaux et ses fermes, je me décidai à quitter *ma retraite* et me dirigeai vers Méru.

Tribulations d'un franc-tireur.

Je pourrais terminer cet opuscule, mais je suis bien aise de faire voir combien il était difficile aux mieux intentionnés, à l'époque du 30 septembre, et après avoir été cernés à Parmain par une nuée de Prussiens, d'organiser sur les lieux une nouvelle résistance, surtout n'ayant pas reçu les renforts sur lesquels je comptais. Je me rendis donc à Méru, dans l'intention, si les habitants de cette localité voulaient se défendre et faire appel aux localités voisines, de me joindre à eux. M'étant rendu à la mairie, où je trouvai le maire et les conseillers municipaux, j'y appris que l'ennemi se trouvait déjà à quatre kilomètres de là. Après nous être concertés et avoir reconnu que le voisinage des Prussiens ne permettait pas d'organiser une défense sérieuse, sur les instances des autorités, j'acceptai une voiture mise à ma disposition pour me conduire à Rouen, où j'espérais obtenir des renforts, et revenir avec eux continuer la lutte et tâcher de nous opposer à l'envahissement de la Normandie.

Parti de Méru à 9 heures du matin, je me dirigeai vers Gisors. M'étant informé si, dans cette localité, on avait l'intention de s'opposer à l'entrée des Prussiens, et ayant su que ce n'était pas l'intention des habitants, je continuai ma route. Arrêté à Fleury-sur-Landelle je fus mis en prison (sous l'inculpation d'être un espion prussien); j'avais cependant exhibé aux bons gendarmes un permis de chasse portant mon signalement et mon diplôme de pharmacien, Après que j'eus fait connaître le but de mon voyage à Rouen, on se décida, au bout d'une heure, à me rendre la liberté. Arrivé à Rouen le soir à neuf heures, je m'empressai de demander une audience au général Gudin, commandant alors le département de la Seine-Inférieure, lui exposant ce qui se passait dans le département de l'Oise. N'ayant pu l'obtenir malgré mes instances, je me fis présenter le lendemain au secrétaire général de la préfecture (M. Leplieux). Ce fonctionnaire, m'ayant mis en rapport avec le secrétaire du Comité de défense de la Seine-Inférieure, je le chargeai d'exposer au Comité l'objet de mon voyage, et de dire que je m'offrais de servir de guide aux troupes que l'on pourrait envoyer au-devant de l'ennemi, et en me mettant à la tête des volontaires qui voudraient servir sous mes ordres en avant-garde. Je fis observer que les clefs de la Normandie étaient la limite du département de l'Oise, et que si on laissait l'ennemi envahir les environs de Gisors, il trouverait dans ces contrées des ravitaillements pour toute son armée, vu la quantité énorme de bestiaux existant dans ces parages. Il me fut répondu que l'on ne pouvait disposer des troupes se trouvant à Rouen et que l'on se disposait à défendre l'entrée du département de la Seine-Inférieure. Ne pouvant rien obtenir, j'acceptai l'autorisation qui m'était offerte d'aller à Gournay former une compagnie de francs-tireurs.

Arrivé dans cette localité, après m'être consulté avec le colonel Despeuil, commandant du 3e régiment de hussards, et les autorités municipales, ces dernières votèrent des fonds (trois mille francs, je crois), pour l'organisation des francs-tireurs, et nommèrent une commission composée de trois membres du conseil municipal, chargée de s'occuper des francs-tireurs. Ayant en quelques jours réuni cent hommes de bonne volonté, et après leur avoir fait signer un engagement de servir pendant toute la durée de la guerre, je me présentai à la mairie pour obtenir la réalisation des promesses qui m'avaient été faites pour équiper mes hommes, leur assurer une solde de un franc par jour (jusqu'à ce que j'aie pu les faire accepter et recevoir comme militaires par le ministère de la guerre), et leur fournir les armes nécessaires. En ce moment, je ne rencontrais plus que du mauvais vouloir de la part des autorités municipales, lesquelles craignaient, disaient-elles, que si les Prussiens venaient à Gournay et qu'ils apprissent que l'on avait équipé une compagnie de francs-tireurs, ils ne s'en prévalussent pour imposer des réquisitions à la ville ; on refusa tout secours aux francs-tireurs (le jour même, le conseil municipal votait des fonds pour les Prussiens, 75,000 fr., m'a-t-on dit), et quelques jours après, les habitants indignés empêchaient le départ de denrées que l'on envoyait aux Prussiens, et remettaient les chariots chargés entre les mains des hussards du colonel Despeuil.

M'étant adressé aux membres chargés de l'organisation des francs-tireurs pour faire solder une dépense de dix francs, faite par dix engagés volontaires pour leur nourriture, je ne pus rien obtenir et je soldai cette note et plusieurs autres dépenses de nourriture de mes propres deniers. Cependant cette Commission était formée de personnes auxquelles leur position de fortune permettait de faire cette avance, car elle se composait d'un notaire, d'un banquier et un rentier. Quant à M. le maire personnellement, j'ai su qu'il avait remis à mes francs-tireurs une somme de vingt francs pour subvenir à leurs besoins, pendant leur voyage de Gournay à Neufchâtel, où je les conduisis sur indication qui m'avait été donnée que je trouverais auprès du sous-préfet (Ernest Crépet), homme de cœur et dévoué à son pays, aide et assistance. En effet, ce brave patriote s'empressa de permettre de faire sous son patronage une souscription destinée à subvenir aux besoins des francs-tireurs, et il me fit remettre des fusils et des munitions, qu'il destinait aux gardes nationaux de son arrondissement, mais qui n'étaient nullement désireux de les posséder, n'étant pas décidés à s'en servir. Il eût été à désirer pour la défense du pays, que la France fût servie par beaucoup de fonctionnaires tels qu'Ernest Crépet.

La souscription faite à Neufchâtel ayant produit une somme de six cent vingt-neuf francs, on distribua aux francs-tireurs des képis, des chaussures et quelques vareuses. J'espérais pouvoir à Neufchâtel organiser ma compagnie.

Appelé en toute hâte au secours de Rouen, menacé d'être attaqué, je m'y rendis à la tête de ma compagnie armée, mais non encore équipée. Arrivé à Rouen, à dix heures du soir, je me rendis le lendemain matin à l'état-major me mettre à la disposition du général et demander des ordres ; le Commandant-Général Estancelin, chargé de la défense des départements de l'Eure, Calvados et Seine-Inferieure, me fit délivrer une commission de Capitaine-Commandant des Eclaireurs de la garde nationale de Neufchâtel, et me promit de faire équiper ma Compagnie et de lui faire délivrer des fusils Snider, car mes francs-tireurs n'étaient armés que de fusils à piston, fournis à Neufchâtel.

Rassurées sur la marche des Prussiens et pensant ne plus avoir besoin du concours des francs-tireurs, ni de celui des gardes nationaux des villes voisines, accourus à leur secours, les autorités rouennaises les renvoyèrent chacun dans leurs localités, ce qui eut lieu pour les Eclaireurs de Neufchâtel. Pendant notre séjour à Rouen (quatre jours), la solde fut faite aux francs-tireurs, avec le produit de la souscription recueillie à Neufchâtel et une somme de soixante-quatre francs délivrée par l'état-major de la garde nationale de Rouen; il est à noter ici, que depuis le 5 octobre jusqu'au 15 novembre, où je suis entré au bataillon des francs-tireurs du Nord, je n'ai touché aucune solde ni indemnité quelconque, et que j'ai fait la guerre à mes dépens.

Arrivés le soir à Neufchâtel, les éclaireurs furent logés chez les habitants, qui leur fournirent aussi la nourriture. Ayant le lendemain matin réuni ma Compagnie pour faire l'appel, je me rendis auprès de M. le Maire pour connaître le mode qu'il comptait employer pour subvenir aux besoins des francs-tireurs, il me fut fait la même réponse qu'à Gournay (pendant l'absence des francs-tireurs les autorités de Gournay avaient peut-être donné le mot d'ordre à celles de Neufchâtel), car on refusa même les fonds nécessairss pour procurer du pain pour le déjeuner; je fus obligé de pourvoir à cette nouvelle dépense (1).

Ayant immédiatement télégraphié à Rouen au Commandant Estancelin la position dans laquelle je me trouvai avec ma compagnie, je reçus de ce dernier une réponse que je livre à l'appréciation de chacun:

Si le Capitaine Capron n'a pas les fonds nécessaires pour faire marcher sa Compagnie, il n'a qu'à la dissoudre et faire déposer les armes à la Mairie. Ce que je m'empressai de faire exécuter, ne pouvant entretenir à mes frais une compagnie de cent hommes.

---

(1) Si les francs-tireurs ont trouvé aide et assistance de la part des habitants de Neufchâtel, ils ne le doivent pas à M. le Maire, lequel leur a toujours témoigné peu de sympathie.

Je crois devoir rendre justice aux hommes composant ma Compagnie, ils ont constamment fait abstraction d'intérêt personnel, ils ont supporté sans une plainte, toute espèce de privations, soutenus qu'ils étaient par le désir d'être utiles à la défense de la patrie et plus d'un avait les larmes aux yeux en déposant ses armes.

Ne pouvant cependant abandonner à eux-mêmes tous ces hommes, je les engageai à aller sous les ordres de leurs sergents se joindre aux francs-tireurs Mocquart et aux francs-tireurs du Nord alors en expédition dans ces parages, leur promettant d'aller sous peu me joindre à eux. Resté à Neufchâtel à la disposition du sous-préfet, pour, en cas d'attaque de cette ville, contribuer à sa défense, je reçus quelques jours après la visite du lieutenant-colonel Rondot, commandant les francs-tireurs du Nord, lequel venait m'offrir un emploi de capitaine dans son bataillon ; je m'empressai d'accepter cette offre et quelques jours après je me rendis à la tête de quelques-uns de mes anciens éclaireurs, à Lyons-la-Forêt, où se trouvait alors le bataillon, avec lequel je fis la campagne jusqu'au moment de l'armistice (1).

Pendant mon séjour aux francs-tireurs du Nord, j'ai pris part à plusieurs escarmouches et en dernier lieu à l'expédition commandée par le colonel Mocquart, la-

---

(1) Je crois devoir signaler la présence parmi nous pendant toute la campagne, depuis le 15 novembre, jusqu'au mois de janvier, du capitaine Robert le fort (duc de Chartres), commandant les éclaireurs de la Seine-Inférieure, lequel gardant un strict incognito, partagea avec nous, pendant deux mois, nos fatigues et nos privations, et dont nous avons pu en maintes occasions, apprécier la bravoure et le patriotisme.

quelle avait pour but la reprise de Gisors. Les francs-tireurs au nombre de deux mille, échelonnés près de Gisors et Try-le-Château, n'ayant pas reçu les ordres que devait leur transmettre le général Briant venant par Etrépagny, le colonel Mocquart ramena sa colonne prendre possession de ses anciens cantonnements.

Arrivé le surlendemain soir à Vascœil, après avoir fait 200 kilomètres en 3 jours et une nuit, le bataillon recevait l'ordre de se rendre le lendemain à Rouen menacé d'être attaqué.

Le colonel ayant mis sa voiture à ma disposition et m'ayant chargé de prendre les devants pour faire préparer les logements et les vivres, j'aperçus, à ma sortie de Vascœil, cinq cavaliers prussiens, se dirigeant vers le village, au moment où les francs-tireurs faisaient leurs préparatifs de départ (1). Ne voulant pas les laisser surprendre, je ne balançai pas, accompagné du capitaine d'état-major Hotten et du fourrier Bollen, qui se trouvaient avec moi, d'aller au-devant des cavaliers et de les attaquer à coups de fusil; un d'eux fut blessé et les autres prirent la fuite, ce qui permit aux francs-tireurs de se rallier et de se déployer en tirailleurs dans les bois voisins et de tenir en échec un corps nombreux de cavalerie envoyé de ce côté pour couper la retraite aux

---

(1) Voici ce qui donnait lieu à l'arrivée des Prussiens en ce moment: l'ordre du départ avait été donné pour 8 heures, mais le colonel, voyant les hommes fatigués des marches des jours précédents, avait retardé son départ pour onze heures: les Prussiens, renseignés sur le premier ordre donné venaient s'emparer de Vascœil qu'ils croyaient évacué.

combattants de Buchy et aux autres troupes appelées à la défense de Rouen.

Arrivé à Rouen le 4 décembre au soir, et après avoir pourvu au logement et aux besoins du bataillon, je passai la nuit à Sotteville avec mes hommes, devant le lendemain matin à 5 heures, nous trouver réunis et attendre les ordres qui devaient nous assigner notre poste de combat. Vers les sept heures, on vint nous annoncer que pendant la nuit, les autorités rouennaises avaient signé la reddition de leur ville aux Prussiens ; l'armée qui occupait Rouen, n'étant nullement décidée à se rendre, opéra sa retraite sur Pont-Audemer, Honfleur et le Havre. Ayant séjourné quelques jours dans cette ville, nous fûmes ensuite répartis dans les environs aux postes avancés que nous avons occupés jusqu'à l'armistice.

Revenu chez moi après quatre mois d'absence, je trouvai mes maisons, mon établissement et mon mobilier réduits en cendres. Aujourd'hui, après avoir fondé une nouvelle pharmacie à l'Ile-Adam, j'attends le jour de la revanche, laquelle si elle ne se fait pas trop attendre (car j'ai soixante ans), me trouvera prêt de nouveau à défendre mon pays et à venger mes braves compagnons morts en combattant.

Je sais que ma conduite a été approuvée par les uns et blâmée par les autres, je crois avoir fait mon devoir et je regrette que chaque Français digne de ce nom n'ait pas suivi mon exemple. Aux uns, mes remercîments pour leurs preuves de sympathie, aux autres,

— 34 —

je répondrai que je fais peu de cas de l'opinion que peuvent avoir de moi les peureux et les lâches qui ont fui devant l'ennemi sans même essayer de lui résister.

L'Ile-Adam, le 15 novembre 1871.

E. CAPRON,

Pharmacien de 1re classe, ex-Capitaine de Francs-Tireurs.

———◦○◦———

Paris. — Imp. Félix Malteste et Cie, rue des Deux-Portes-Saint-Sauveur, 22.

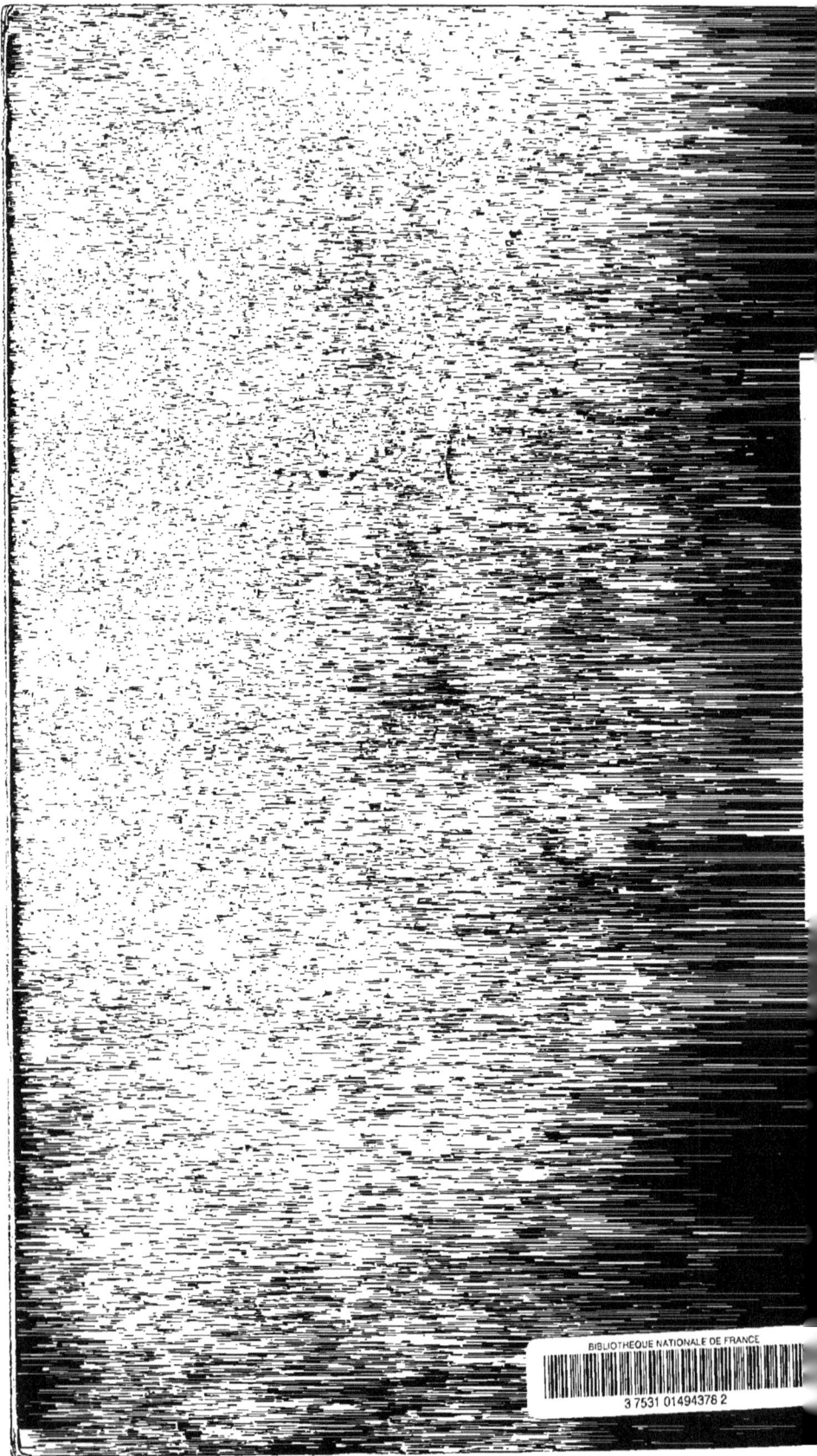

www.ingramcontent.com/pod-product-compliance
Lightning Source LLC
Chambersburg PA
CBHW060952050426
42453CB00009B/1173